Monika Berger

Löffelkerlchen zum Verschenken

Bastelideen aus Kochlöffeln

Material

- Holzkochlöffel mit ovaler Kelle, 35 cm lang
- 4 Holzkochlöffel mit runder Kelle (ø 4 cm), 20 cm lang
- Sperrholz, 4 mm stark, 2 x A4
- Acrylfarben: orange, haut, rot, weiß, gelb, grasgrün
- Halbblumentopf, 7 cm breit, 6 cm hoch
- Naturbast: natur
- Stoffblumenpick
- Handbohrer
- Bildaufhänger

Vorlagenbogen 1A

Material

- Holzkochlöffel mit runder Kelle (ø 5,5 cm), 32 cm lang
- 2 gewölbte Rohholzscheiben, ø 2,5 cm
- Friesenbaumfuß, 7 cm x 9 cm
- Holzbilderrahmen, 12,5 cm x 17 cm
- Acrylfarbe: indischgelb, orange
- Filzreste: ocker, hellbraun
- Tonkartonreste: hellbraun, ocker

Vorlagenbogen 2B

Schutzengel Moni (Abbildung Seite 1)

Körper, Flügel und Schild aus Sperrholz aussägen und alles wie abgebildet bemalen, das Gesicht mit wasserfesten Stiften gestalten. Für die Haare ein dickes Bastbündel mittig abbinden und um das Gesicht herum auf den Löffelrand kleben. Einige Haarsträhnen als Pony kürzen und mit etwas Heißkleber auf der Löffelkelle fixieren. Damit die Basthaare nicht abstehen, einzelne Strähnen mit etwas Heißkleber aneinander kleben und die Haare in Form schneiden. In einen kleinen Löffel sowie in das Schild mit einem Handbohrer ein Loch bohren. Beide mit über dem Bleistift zurechtgebogenem Steckdraht verbinden und diesen jeweils auf der Rückseite mit Heißkleber fixieren. Die Löffel gemäß der Skizze auf der Vorlage mit Holzleim hinter den Körper kleben und dann die Flügel aufkleben. Hinten an der Löffelkelle einen Bildaufhänger anbringen und den Blumentopf ankleben.

Bärchen Fredi (Abbildung Seite 3)

Den Löffelstiel passend zur Bilderrahmengröße mit einer Laubsäge auf 26 cm kürzen. Dann den Löffel, die Holzscheiben und den Friesenbaumfuß in Gelb und den Bilderrahmen in Orange grundieren. Nach dem Trocknen das Gesicht mit wasserfesten Filzstiften und einem roten Buntstift gestalten. Nase und Ohren werden aus Filz (mit Tonkartonbasis) angefertigt, die Innenohren werden mit Holzleim aufgeklebt. Die Ohren an der unteren Kante auf den Kellenrand und die Nase mit einem Klebepad auf die Kelle kleben. Den Löffelstiel in den Friesenbaumfuß stecken, ggf. etwas festkleben. Die Holzscheiben als Hände auf den Bilderrahmen kleben und diesen auf dem Fuß platzieren.

Fotos: frechverlag GmbH, 70499 Stuttgart;
Fotostudio Ullrich & Co., Renningen

Dieses Buch enthält:
2 Vorlagenbogen

Auflage: 5. 4. 3. 2. 1. | Letzte Zahlen
Jahr: 2007 2006 2005 2004 2003 | maßgebend

frechverlag GmbH, 70499 Stuttgart
Druck: frechdruck GmbH, 70499 Stuttgart

ISBN 3-7724-3198-4 · Best.-Nr. 3198

Löffel-kerlchen

Liebe Kochlöffel-Besitzer,

mal Hand aufs Herz: Wie viel Aufmerksamkeit haben Sie bislang Ihren Holzkochlöffeln geschenkt? – Seien Sie beruhigt, auch bei mir fristeten sie bis vor kurzem ein eher tristes Leben in der Küchenschublade und kamen nur zum Nudeln umrühren mal raus. Bis ich mir eines abends einen Löffel einmal genauer anschaute. Mir gefiel die leicht kantige Form, wie bei einem grinsenden Gesicht. Wenig später war mein erstes Löffelkerlchen fertig: Ferky, das Glücksschwein von Seite 31.

Schnell wurde die Löffelkerlchen-Familie größer und artenreicher. Entstanden sind nützliche und dekorative Geschenkideen für jeden Anlass wie die Naschkatze, die Namensschild-Kuh, der Schutzengel, die Quirlblume und, und, und.

Alles, was Sie brauchen, ist etwas Balsa- oder Sperrholz, Papier, Acrylfarben, ein paar Accessoires – und natürlich einen Holzkochlöffel. Schauen Sie am besten gleich einmal in Ihrer Küchenschublade nach!

Viel Spaß beim Basteln und Freude beim Verschenken der Löffelkerlchen wünscht Ihnen

Monika Berger

Grundausstattung

Diese Materialien und Hilfsmittel werden immer wieder benötigt. Sie sollten sie zur Hand haben, denn sie werden in den einzelnen Materiallisten nicht erwähnt.

- Nagelschere, Silhouettenschere, spitze Bastelschere
- Harter und weicher Bleistift
- Transparentpapier
- Wasserfeste Filzstifte: schwarz, rot
- Lackmalstift: weiß
- Buntstift: rot
- Skalpell und Cutter mit geeigneter Schneideunterlage
- Laubsäge mit Sägeblatt (Gr. 4)
- Schmirgelpapier (80er und 180er Körnung)
- Pinsel, Größe 2 und 8, Wasserglas und Mallappen
- Klebepads oder Abstandsband
- Klebestift, Holzleim, Alleskleber
- Steckdraht, ø 0,8 mm, 20 cm lang: blau geglüht
- Pinnnadel, Wattestäbchen, Zahnstocher
- Ggf. Acrylfarbe: weiß (zum Grundieren)
- Pinzette, kleine Flachzange

Hinweis

Die Löffelgrößen variieren je nach Hersteller etwas. Es kann daher zu Abweichungen von bis zu ± 5 mm kommen.

SO WIRD'S GEMACHT

Löffel bemalen

Zuerst die Kelle und ca. zwei Drittel des Stiels mit unverdünnter Acrylfarbe bemalen. Dann den Löffel zum Trocknen am unbemalten Stiel auf einer Tischkante unter ein schweres Buch o. Ä. klemmen. Nach dem Trocknen den Stiel fertig bemalen.

Tipp

Besonders brillant werden die Farben, wenn Sie die Löffel vorher mit Weiß grundieren.

Vorlagen übertragen

Die Vorlage mithilfe von Bleistift und Transparentpapier übertragen. Dafür die Vorlage mit einem Bleistift abpausen, die Linien auf der Rückseite mit einem weichen Bleistift nachziehen und diese Seite auf den Löffel, das Papier oder das Holzstück legen. Alle Linien mit einem harten, spitzen Bleistift noch einmal nachziehen. Dabei überträgt sich der auf der Rückseite haftende Bleistiftgrafit auf das Objekt. Bei dunklen Grundfarben statt des weichen Bleistifts besser einen hellen Buntstift verwenden, so sind die Linien leichter zu erkennen.
Zum Übertragen von Gesichtern auf Holzkugeln die Vorlage wie oben beschrieben auf Transparentpapier pausen und dieses knapp um die Vorlage herum zuschneiden. Am Rand viele kleine Schnitte machen, so lässt sich das Papier leichter auf die gewölbte Holzkugel legen. Die Vorlage mit etwas Klebefilm fixieren und die Linien mit einem harten Bleistift nachzeichnen.

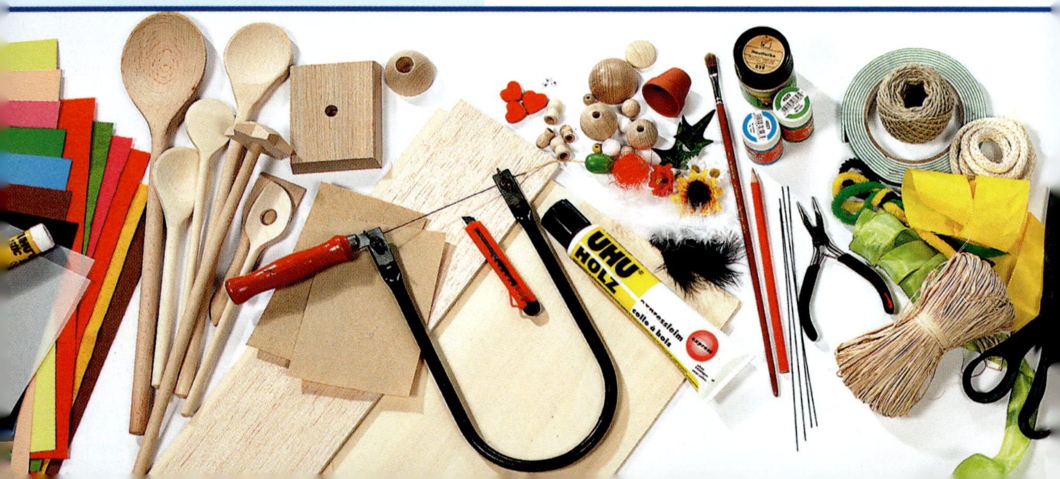

Gesichter gestalten

Die Gesichter wie oben beschrieben übertragen und Mund und Augen mit dünnen, wasserfesten Stiften aufmalen. Als Nase eine bemalte, halbgebohrte Holzkugel, eine halbierte Wattekugel (mit einem Cutter auf einer geeigneten Schneideunterlage durchschneiden) oder einen Pompon mit Holzleim bzw. Heißkleber aufsetzen. Kleinteile lassen sich gut bemalen, wenn sie auf eine Bleistiftspitze oder ein Holzstäbchen aufgesteckt werden. Zum Aufkleben ggf. eine kleine Flachzange oder Pinzette verwenden. Die Wangen werden meistens mit einem roten Buntstift gestaltet. Mithilfe des Cutters etwas Farbe von der Buntstiftspitze schaben und mit dem Zeigefinger im Gesicht verreiben. Wer lieber Acrylfarbe verwenden möchte, benetzt ein Wattestäbchen mit sehr wenig Farbe (ggf. noch einmal auf Papier oder einem Lappen abstreichen) und tupft die Wangen damit auf. Lichtreflexe in den Augen und auf der Nase werden mit einem weißen Lackmalstift aufgemalt oder mithilfe einer Pinnadel oder eines Zahnstochers mit weißer Acrylfarbe gesetzt.

Filzteile anfertigen

Da Filz recht instabil ist, wird er meistens mithilfe eines Klebestifts auf Tonkarton geklebt. Darauf werden die Konturen seitenverkehrt übertragen (siehe „Vorlagen übertragen", hier aber gleich mit einem weichen Bleistift abpausen, wenden und mit einem harten Bleistift die Umrisse nachziehen). Dann das Teil ausschneiden und mit Heißkleber aufkleben. Bei Ohren ist z. T. eine Klebekante eingezeichnet. Diese an der gestrichelten Linie nach hinten knicken und mit der Klebefläche auf den Rand der Löffelkelle kleben.
Einige Figuren tragen Schals. Diese werden aus Filz zugeschnitten und um den Hals geknotet oder geklebt. Das geht gut mit ganz wenig Heißkleber oder Holzleim.

Holzteile anfertigen

Bisweilen sind Holzohren direkt an den Kellenrand angesetzt, dafür muss die Vorlage dem Löffel angepasst werden. Den Löffel auf die Vorlage legen, die Kellenform aufzeichnen und die Vorlage entsprechend anpassen. Gearbeitet wird mit Balsa- oder Sperrholz, der Effekt ist der gleiche. Balsaholz ist im Fachhandel, v. a. im Modellbaubereich, erhältlich und wird auf einer geeigneten Unterlage mit einem Cutter (Skalpell mit neuer Klinge) zugeschnitten. Die Kanten nach dem Zuschneiden mit Schleifpapier (180er Körnung) glätten. Für größere Motivteile statt Balsaholz sehr feste, dicke Pappe oder Sperrholz verwenden. Das Sperrholz mit einer Laubsäge zusägen (Sägeblätter in Gr. 4 verzeihen auch Ausrutscher ohne zu reißen) und dann die Kanten abschmirgeln, erst mit grobem, dann mit feinem Schleifpapier.
Größere Holzteile immer mit Holzleim zusammenfügen, kleine Accessoires können auch mit Heißkleber aufgesetzt werden.

Löffel-kerlchen

Bienchen Maddie

Den Löffelstiel grün und die Kelle gelb grundieren. Nach dem Trocknen das Streifenmuster auf die Kelle übertragen und ausmalen. Den Kopf zuschneiden und bemalen. Die Nase wird mit einem Klebepad aufgesetzt. Für die Fühler Steckdraht (je ca. 8 cm lang) um einen Bleistift winden, leicht auseinander ziehen und mit Heißkleber hinter dem Kopf fixieren. Als Fühlerenden Perlen aufkleben. Für die Arme Steckdraht (ca. 12 cm lang) an den Enden mit bemalten Holzkugeln versehen, hinten an der Kelle festkleben und die Arme vor dem Körper zusammenkleben. Für die Flügel Mobilefolie zuschneiden und mit Glimmerfarbe bemalen. Nach dem Trocknen hinter die Kelle kleben.

Material
- Holzkochlöffel mit runder Kelle (ø 5,5 cm), 32 cm lang
- Tonkartonreste: gelb, rot
- Acrylfarben: grasgrün, sonnengelb, schwarz
- 2 halbgebohrte Rohholzkugeln, ø 1 cm
- 2 Holzperlen, ø 8 mm: gelb
- Mobilefolienrest
- Windowcolor-Glimmerfarbe: bunt

Vorlagenbogen 1A

Bärchen Knut

Den Löffel, die zugeschnittenen Arme und die Ohren hellbraun grundieren. Nach dem Trocknen das Gesicht gestalten – als Nase wird die Wattekugel halbiert, orangefarben bemalt und aufgeklebt – und die Innenohren sowie die Handschuhe mit Flicken aufmalen. Die Flickennähte werden mit einem wasserfesten Filzstift gezeichnet. Die Ohren an die Kelle und die Arme hinter den Löffelstiel kleben. Um die Leine anzubringen, kleine Löcher gemäß Markierung mit einer Pinnnadel vorbohren und vorsichtig mit einer Nagelschere weiten. Die Schnur einstecken und von hinten mit Heißkleber fixieren. Mit Wäscheklammern einen Gruß aus bemalten Holzbuchstaben und einem Tonkartonherz anbringen. Zum Schluss das Bärchen in den grün bemalten und mit kleinen Geschenken beklebten Friesenbaumfuß stecken.

Material
- Holzkochlöffel mit runder Kelle (ø 5,5 cm), 32 cm lang
- Balsaholzrest, 4 mm stark
- Acrylfarben: hellbraun, grasgrün, hellblau, orange
- Wattekugel, ø 1,5 cm
- Sisalschnur, ø 4 mm, ca. 30 cm lang
- Friesenbaumfuß, 7 cm x 9 cm
- Miniwäscheklammern
- Holzbuchstaben
- Tonkartonrest: rot
- kleine Geschenke

Vorlagenbogen 1A

Marienkäfer Lucky

Den Raclettespatel oben in Rot, den Stiel in Grün und den zugeschnittenen Kopf in Haut grundieren. Nach dem Trocknen mit einem wasserfesten Filzstift Punkte auf den Körper malen und das Gesicht gestalten. Den großen Pompon als Nase aufkleben. Die Flügel zuschneiden, mit Glimmerfarbe bemalen und trocknen lassen. Für die Fühler ca. 8 cm Draht um einen Bleistift wickeln, leicht auseinander ziehen und hinter dem Kopf fixieren. Oben je einen kleinen Pompon aufkleben. Die Flügel ebenfalls hinter den Kopf kleben und diesen dann auf dem Löffel fixieren. Unten die Steckdrahtbeine ankleben – jedes Paar ist 8 cm lang und erhält Holzperlen als Füße. Den Löffelstiel nach Belieben beschriften.

Material
- Raclettespatel, 13,5 cm lang
- Balsaholzrest
- Acrylfarben: rot, maigrün, haut
- 6 Holzperlen, ø 8 mm: natur
- Pompons, 1 x ø 1 cm, 2 x ø 7 mm: rot
- Mobilefolienrest
- Windowcolor-Glimmerfarbe: bunt

Vorlagenbogen 1A

ALLES
Liebe!
Alles Liebe!

Löffel-kerlchen

Material

- Kochlöffel mit runder Kelle (ø 5,5 cm), 32 cm lang
- Frühstücksbrett, 22 cm x 10 cm
- Balsaholzrest
- Acrylfarben: hellblau, rosa, maigrün, zitronengelb, schwarz
- Figurendraht, ø 6 mm, 18 cm lang
- 2 durchbohrte Rohholzkugeln, ø 2,5 cm
- 2 Rohholzhalbkugeln, ø 4 cm
- Durchbohrte Rohholzhalbkugel, ø 4 cm
- Matter Sprühlack

Vorlagenbogen 1B

Postelefant Walter

Ohren, Rüssel und Mütze aus Balsaholz zuschneiden. Den Löffel, alle Holzkugeln, die Ohren, den Rüssel und den Figurendraht in Hellblau grundieren. Nach dem Trocknen die Innenohren auf die Ohren malen. Das Gesicht und den Rüssel mit einem wasserfesten Stift gestalten. Die Wangen werden mit Buntstift gerötet. Die Mütze gemäß der Abbildung bemalen. Mit Holzleim den Rüssel und die Mütze auf die Kelle und die Ohren dahinter kleben. Mit Heißkleber die Figurendrahtenden in die Löcher der kleinen Holzkugeln kleben (Enden ggf. spitz zuschneiden) und den Draht ca. 5 cm unterhalb des Kopfes mittig an den Kochlöffelstiel kleben.
Das Brettchen bemalen und nach dem Trocknen den Schriftzug mit einem wasserfesten Filzstift aufschreiben. Etwa in Brettchenmitte die Halbkugeln als Füße platzieren. Am hinteren Brettchenende die durchbohrte Halbkugel aufkleben. Diese zu etwa einem Drittel mit Heißkleber füllen und den Löffelstiel einkleben. Den Löffel festhalten, bis der Klebstoff erkaltet ist. Zuletzt das Brettchen mit einem matten Lack kratzfest lackieren.

Material

- Kochlöffel mit ovaler Kelle, 24 cm lang
- Sperrholz, A4
- Acrylfarben: pink, hellblau, hellgrün, orange
- Miniwäscheklammer, 2,5 cm lang
- Halbgebohrte Rohholzkugel, ø 1,5 cm
- 2 Glasperlen, ø 2,4 mm: blau
- Bildaufhänger

Vorlagenbogen 1B

Schmetterling Wanda

Die Flügel aus Sperrholz zusägen. Die Flügel in Pink und den Löffel, die Holzkugel und die Wäscheklammer in Orange grundieren. Nach dem Trocknen die Herzen und Punkte auf die Flügel malen, dabei die Flickenstiche mit einem dünnen Pinsel aufsetzen. Das Gesicht mit wasserfesten Filzstiften gestalten und für die Wangen sehr wenig rote Acrylfarbe mit einem Wattestäbchen verreiben. Als Nase die Holzkugel aufkleben. Den Löffelstiel mit dem Streifenmuster bemalen und unten die Wäscheklammer aufkleben. Die Flügel mit Holzleim hinter dem Löffelstiel und die Fühler aus zurechtgebogenem Steckdraht hinter der Löffelkelle festkleben. Als Fühlerenden kleine Perlen ankleben. Auf der Kellenrückseite einen Bildaufhänger, ggf. mit etwas Sperrholz als Unterlage, befestigen.

Tipp
Statt Sperrholz können Sie für die Flügel auch starke Pappe verwenden.

4. März –
Mama anrufen!
0,51
An
Tante Carmen
Bergweg 8
52171 Schöndorf
Post für dich!

Herzchenkäfer Sweety

Material

- Holzkochlöffel mit runder Kelle (ø 5,5 cm), 32 cm lang
- Acrylfarben: rot, schwarz, haut
- 2 Holzherzchen, ø 2 cm
- Tonkartonrest: rot
- Herzförmige Spanschachtel, 11 cm x 12 cm, oder Chenilledraht, ca. 12 cm lang: schwarz, und 2 Holzhände, 1,8 cm lang (Titelseite)

Vorlagenbogen 2B

Den Löffelstiel in Schwarz (bzw. in Rot, siehe Titelseite) und die Kelle in Haut grundieren. Nach dem Trocknen das Gesicht gestalten und die Tonkartonnase mit einem Klebepad aufsetzen. Für die Fühler Steckdraht (je 8 cm lang) über einen Bleistift biegen, leicht auseinander ziehen und hinten an die Kelle kleben. Als Fühlerenden Holzherzen fixieren.
Der Käfer auf der Titelseite erhält ein Herzchenmuster auf den Stiel gemalt und Chenilledrahtarme mit bemalten, angeklebten Holzhänden. Darin kann ein kleines Geschenk befestigt werden.
Der Marienkäfer hier erhält eine bemalte Spanschachtel als Flügel aufgeklebt, die mit Pralinen o. Ä. befüllt werden kann. Den Dosendeckel rot, alle anderen Außenflächen schwarz grundieren. Nach dem Trocknen Herzchen aufmalen und die Dose mit Holzleim oder Heißkleber hinten an den Stiel kleben.

Schneckchen Slowly

Material

- Holzkochlöffel mit runder Kelle (ø 4,5 cm), 25 cm lang
- Acrylfarben: grasgrün, orange, gelb
- Tonkartonrest: haut
- Pompon, ø 7 mm: rot
- 2 Holzperlen, ø 8 mm: orange

Vorlagenbogen 2B

Den Löffelstiel grün, die Kelle orange bemalen. Das gelbe Muster nach dem Trocknen mit einem feinen Pinsel aufmalen. Das Tonkartonteil zuschneiden und die Pomponnase aufkleben. Das Gesicht aufmalen und den Kopf hinter die Kelle kleben. Von der Rückseite noch die über einem Stift gebogenen Fühler (je ca. 7 cm lang) mit Holzperlenenden fixieren.

Quirlblume mit Bienchen Tadi

Material

- Holzquirl, ø 5,5 cm, 29 cm lang
- Friesenbaumfuß, 7 cm x 9 cm
- Tonkartonreste: weiß, hellgrün
- Acrylfarben: grasgrün, orange, gelb, braun
- Tontopf, ø 3,5 cm
- Durchbohrte Rohholzkugeln, 5 x ø 1,2 cm, 1 x ø 3 cm
- Mobilefolienrest
- Windowcolor-Glimmerfarbe
- Dünne Paketschnur, 20 cm und 35 cm lang
- Flowerhair: rot

Vorlagenbogen 2B

Für die Blume den Quirlkopf orange und den Stiel und den Friesenbaumfuß grün bemalen. Die Blütenblätter aus Tonkarton zuschneiden. Zuerst die großen und versetzt darunter die kleinen mit Heißkleber an den Quirl kleben. Dann die grünen Blätter zuschneiden und an den Stiel kleben. Den Löffelstiel in den Friesenbaumfuß kleben.
Für die Biene den Tontopf gelb grundieren und nach dem Trocknen braune Streifen aufmalen. Die Figur wie auf Seite 16 beschrieben basteln, allerdings hier die Schnüre für die Beine nicht abschneiden, sondern Perlen darauf auffädeln und durch Knoten sichern. Die Flügel aus Mobilefolie zuschneiden, mit Glimmerfarbe bemalen und nach dem Trocknen aufkleben.
Die Biene mit Heißkleber auf die Blütenmitte kleben.

Willkommensbub Fritz

Den Kochlöffel und die Holzkugeln in Haut grundieren. Nach dem Trocknen das Gesicht aufmalen. Mit Heißkleber kurze Baststücke als Haare fixieren und den Hut darüber kleben. Den Bast in Form schneiden. Für das Kleid den Tonkarton mithilfe eines Klebestiftes mit hellblauem Filz bekleben und es dann mithilfe von Holzleim mit dünnen Filzstreifen verzieren. Das Kleid doppelt arbeiten und mit Heißkleber an den Längsseiten zusammenkleben, dabei die Arme (je 8 cm lang) mit einfassen.
Die Beine (je 10 cm lang) innen im Kleid fixieren. Hand- und Fußperlen an die Sisalschnurenden kleben, diese dafür ggf. spitz zuschneiden.
Für das Schild Balsaholz zuschneiden, weiß grundieren und nach dem Trocknen beschriften. Kleine Blüten an den über dem Bleistift gebogenen Draht kleben und unten am Schild befestigen. Dafür mit einer Pinnnadel Löcher einstechen, den Draht durchführen und auf der Rückseite festkleben. Das Schild an die Hände kleben. Das Kleid von unten über den Löffelstiel ziehen und ggf. auf der Rückseite festkleben.

Material

- Holzkochlöffel mit runder Kelle (ø 5,5 cm), 32 cm lang
- Balsaholzrest
- Acrylfarben: haut, weiß
- Sisalschnur, ø 4 mm, ca. 40 cm lang
- Je 2 durchbohrte Rohholzkugeln, ø 1,2 cm und ø 2,5 cm
- Naturbast: natur
- Strohhut, ø 10,5 cm (außen)
- Filzreste: hellblau, hellgrün, zitronengelb
- Tonkartonrest: hellblau
- 3 kleine Stoffblumen, ø 1 cm bis ø 2,5 cm

Vorlagenbogen 1B

Namensschild-Kuh Berta

Die Schnauze und die Ohren mit den Hörnern aus Balsaholz zuschneiden. Alle Holzteile bis auf die Schnauze in Weiß grundieren. Nach dem Trocknen die schwarzen Kuhflecken und die Hufe aufmalen. Die Schnauze wird in Haut grundiert und mit einem wasserfesten Stift gestaltet, die roten Wangen sind mit einem Wattestäbchen mit sehr wenig Farbe aufgemalt. Die Löffel gemäß der Vorlage mit Holzleim fixieren. Die Schnauze auf und die Ohren mit den Hörnern an den Kopf kleben. Die Schrift mit einem weißen Lackstift auftragen und das Namensschild lackieren. Den Sonnenblumenstiel mit Heißkleber an das Kuhmaul kleben. Für den Schwanz ein Ende der Sisalkordel leicht auseinander zupfen und schwarz bemalen. Das andere Ende mit Heißkleber an der Brettchenrückseite fixieren. Dort auch die Steckdrahtaufhängung anbringen.

Material

- Holzkochlöffel mit runder Kelle (ø 5,5 cm), 32 cm lang
- 4 Holzkochlöffel mit runder Kelle (ø 4 cm), 20 cm lang
- Frühstücksbrett, 22 cm x 10 cm
- Balsaholzrest
- Acrylfarben: weiß, schwarz, haut, rot
- Sisalschnur, ø 4 mm, 17 cm lang
- Stoffsonnenblume, ø 2,5 cm
- Matter Sprühlack

Vorlagenbogen 1B

Braut und Bräutigam

Material

- 2 Raclettespatel, 13,5 cm lang
- Starke Pappe, A3
- Ca. 100 künstliche Efeublätter
- 2 Holzkugeln, ø 1,2 cm
- Naturbast: natur
- Filz, 1,5 cm x 2,5 cm: schwarz
- Nadel und Nähgarn: weiß, schwarz
- Zylinder, ø 5 cm (außen): schwarz
- Gepunktetes Tüllband, 5 cm breit, 25 cm lang: weiß
- 4 Ministoffblumen, ø 1 cm (z. B. Vergissmeinnicht)
- 15 Wachsperlen, ø 5 mm bis 7 mm: weiß
- Balsaholzrest
- 5 Holzherzen, ø 2,5 cm
- Bildaufhänger
- Dünner Draht: silber

Vorlagenbogen 2A

Die Gesichter aufmalen. Die Holzkugeln als Nasen mit Heißkleber fixieren. Den Bast mittig abbinden, mit Heißkleber aufkleben und die Frisuren in Form schneiden; bei der Braut einige Bastfäden als Pony kürzen. Den Zylinder mit leicht abgekühltem Heißkleber fixieren. Für die Fliege den Filz mit Garn abbinden und mit Heißkleber aufsetzen. Für den Schleier das Tüllband an einer langen Seite mit Heftstichen versehen, das Garn zusammenziehen und vernähen. Den Schleier und die kleinen Blumen aufkleben. Wachsperlen auf dünnen Draht fädeln und um den Hals legen. Hinten die Drahtenden verdrehen und die Kette mit Heißkleber fixieren. Das Pappherz für den Kranz zuschneiden und mit Efeublättern bekleben. Das Schild aus Balsaholz beschriften. Die markierten Löcher mit einer Pinnnadel einstechen.
Für die Herzchen Steckdraht (4 cm bis 6 cm lang) zuschneiden und an einem Ende jeweils ein Herz mit Heißkleber fixieren. Das andere Drahtende durch ein Loch unten im Schild stecken und auf der Rückseite festkleben. In den Löchern oben wird die Aufhängung befestigt. Den Draht zuschneiden (je ca. 12 cm lang), durch das vorgebohrte Loch stecken und gemäß Abbildung verdrehen (ggf. eine kleine Zange verwenden). Das andere Ende auf der Rückseite des Efeuherzens mit Heißkleber fixieren und die Braut und den Bräutigam aufkleben. Zum Aufhängen oben mittig den Bildaufhänger fixieren.

Turteltäubchen

Material

- 2 Holzkochlöffel mit Spitze und Loch, 16 cm lang
- Acrylfarben: weiß, gelb, grasgrün
- Zylinder, ø 3 cm (außen): schwarz
- Gepunktetes Tüllband, 7 cm breit, 4,5 cm lang: weiß
- Nadel und Nähgarn: weiß
- 6 Rocailles, ø 2 mm: rot
- 2 Marabufedern: weiß
- Holzherz, ø 2,5 cm: rot
- 2 Geldscheine

Vorlagenbogen 2A

Die Löffelkellen weiß, die Stiele grün grundieren. Nach dem Trocknen die Schnäbel mit Acrylfarbe, die Augen mit wasserfesten Filzstiften aufmalen. Hinten die Federn aufkleben. Am Bräutigam den Zylinder und das Herz fixieren. Für die Braut den Schleier anfertigen: Das Tüllband an der Längsseite mit Heftstichen versehen, wobei die Rocailles mit eingefasst werden. Das Garn vernähen und den Schleier aufkleben. Die Geldscheine ziehharmonikaartig falten und als Flügel in die Löffellöcher stecken.

just married

Kleine Mo im Ballon

Die Löcher in die Löffelkelle bohren und alles laut Abbildung bemalen, den Friesenbaumfuß in Maigrün. Den Schriftzug mit einem wasserfesten Filzstift aufsetzen.
Den Henkel des Körbchens abschneiden und aus dem Boden mit einer spitzen Schere ein ca. 1,5 cm x 1,5 cm großes Stück des Korbgeflechts heraustrennen. Die Lochränder ggf. mit Heißkleber bestreichen, damit sich das Geflecht nicht löst. Vier Stücke Paketschur (je 15 cm lang) in gleichmäßigem Abstand an das Körbchen knüpfen. Das Körbchen auf den Löffelstiel stecken. Die vorderen Paketschnüre von vorne durch die Löcher in der Löffelkelle fädeln und hinten festkleben. Die hinteren Schnüre an der Löffelrückseite fixieren. Dabei darauf achten, dass alle Schnüre etwa gleich lang werden. Die Geldsäcke laut Skizze falten, mit Paketschnur zubinden und mit Klebepads am Korb fixieren.
Den Löffelstiel in den Friesenbaumfuß stecken, ggf. mit Klebstoff fixieren.
Die kleine Tontopffigur laut Skizze fertigen. Dafür das Flowerhair mittig mit Paketschnur (ca. 30 cm lang) abbinden. Die doppelte Schnur durch den Kopf und den umgedrehten Tontopf führen, eine Holzperle auf eine Schnur

Material
- Holzkochlöffel mit ovaler Kelle, 35 cm lang
- Friesenbaumfuß, 7 cm x 9 cm
- Acrylfarben: lila, maigrün, hellblau, zitronengelb
- Henkelkörbchen, ø 6 cm
- Dünne Paketschnur, ca. 1,5 m lang
- Tontopf, ø 2 cm
- Durchbohrte Rohholzkugeln, 3 x ø 1 cm, 1 x ø 2,5 cm
- Flowerhair: rot
- Handbohrer
- 2 Geldscheine

Vorlagenbogen 2A

aufziehen, beide Schnurenden fest verknoten und abschneiden.
Für die Arme Schnur (ca. 20 cm lang) mittig zwischen Kopf und Körper verknoten, an die Enden Holzperlen knoten und die Schnur ggf. kürzen. Die kleine Figur in den Korb setzen und ggf. mit Heißkleber fixieren.

Money, der Frosch

Den Löffel und die Holzhände grasgrün, die Holzscheiben weiß grundieren. Das Gesicht aufmalen. Die Pupillen auf die Holzscheiben malen und diese auf die Löffelkelle kleben. Den Chenilledraht hinten am Löffelstiel (ca. 2,5 cm unterhalb der Kelle) mit Heißkleber fixieren und die Drahtenden in die Holzhände kleben.
Mithilfe von doppelseitigem Klebefilm Münzen in die Zellophantüte kleben und diese vorsichtig mit Sand befüllen. Nach Belieben weitere Geldstücke im Sand verstecken.
Die Tüte mit Schleifenband verschließen und das Grußschild aufkleben.

Material

- Kochlöffel mit runder Kelle (ø 5,5 cm), 32 cm lang
- 2 gewölbte Holzscheiben, ø 2,5 cm
- Acrylfarben: weiß, grasgrün
- Chenilledraht, 15 cm lang: hellgrün
- 2 Holzhände, 2,5 cm lang
- Tonkartonrest: weiß
- Sand
- Geldstücke
- Zellophantütchen
- Schleifenband, 4 cm breit, 70 cm lang: orange-weiß-rosa kariert
- doppelseitiger Klebefilm

Vorlagenbogen 2A

Löffel-kerlchen

Vogelscheuche Hubert

Material
- Holzkochlöffel mit runder Kelle (ø 5,5 cm), 32 cm lang
- Acrylfarbe: haut
- Naturbast: natur
- Wattekugel, ø 1,5 cm
- Strohhut, ø 10 cm (außen)
- Filzreste: hellgrün, sonnengelb, rot, orange
- Tonkartonreste: gelb, weiß
- 4 Bastelhölzer, 2 cm breit, 15 cm lang
- Kleine Stoffsonnenblume, ø 2,5 cm
- Chenilledraht: hellgrün
- Tontopf, ø 2,5 cm
- Durchbohrte Rohholzkugel, ø 2,5 cm
- Acrylfarbe: schwarz
- 2 bis 3 Marabufedern: schwarz
- 2 Wackelaugen, ø 4 mm

Vorlagenbogen 1A

Die Wattekugel halbieren und hautfarben bemalen. Das Gesicht gestalten, die Nase aufkleben und mit Buntstift etwas röten. Kurze Bastfäden als Pony und beidseitig davon je ein oben abgebundenes Bastbündel (ca. 6 cm lang) als Haare fixieren. Darüber den Hut kleben und die Haare in Form schneiden.
Für die Arme bei zwei Bastelhölzern an einer Seite jeweils ca. 5 cm abschneiden. Die geraden Enden dicht aneinander legen und nacheinander zwei weitere, ungekürzte Bastelhölzer mittig mit Holzleim darauf fixieren. So halten die gekürzten Hölzer zusammen. Auf diese jeweils einen Filzhandschuh (zuerst auf Tonkarton kleben) aufkleben. Arme, Löffelstiel und Hut mit kleinen Filzflicken verzieren, die Flickennähte sind aufgemalt. Als Handschuhkrempe Chenilledraht befestigen. Die Arme hinten an den Löffelstiel kleben.
Für den Raben den Tontopf und die Holzkugel schwarz grundieren und nach dem Trocknen zusammenkleben. Die Wackelaugen, den zugeschnittenen Filzschnabel und die Federn als Flügel fixieren. Als Haarbüschel einige kleine Federn in das Loch der Holzkugel kleben. Den Raben sowie das Gutscheinschild mit Heißkleber fixieren.

Gartenzwerg Edwin

Material
- Holzkochlöffel mit runder Kelle (ø 5,5 cm), 32 cm lang
- Acrylfarben: haut, grasgrün, schwarz
- Chenilledraht: hellgrün, gelb
- Filzreste: rot, weiß, schwarz
- Halbgebohrte Rohholzkugel, ø 1 cm
- Dekoharke, 13,5 cm lang
- 2 Holzhände, 2,5 cm lang
- Tonkartonreste: weiß, rot

Vorlagenbogen 1A

Die Löffelkelle, die Holzkugel und die Hände in Haut, den Löffelstiel oben (ca. 9 cm) in Grün und unten in Schwarz bemalen. Nach dem Trocknen das Gesicht mit wasserfesten Filzstiften und einem roten Buntstift gestalten. Die Nase aufkleben. Für Bart und Mütze Filz mithilfe eines Klebestiftes auf farblich passenden Tonkarton kleben und die Teile zuschneiden. Erst den Bart und dann die Mütze auf die Löffelkelle kleben.
Den Chenilledraht (18 cm lang) hinten am Löffelstiel (ca. 2 cm unterhalb der Kelle) mit Heißkleber fixieren. Die Enden in die Holzhände kleben. Als Gürtel einen schwarzen Filzstreifen (1 cm x 6 cm) auf den Übergang von Ober- zu Unterkörper kleben. Darauf die aus Chenilledraht zurechtgebogene, viereckige Schnalle (2,5 cm) setzen. In den Händen mit Heißkleber das Gutscheinschild und die Harke fixieren.

ich pass auf deinen GarTen auf!
Gartencenter Gutschein

Löffel-kerlchen

Kaktus José

Material
- Holzkochlöffel mit runder Kelle (ø 4,5 cm), 28 cm lang
- Acrylfarbe: grasgrün
- Tonkartonreste: hellgrün, rot, weiß
- 8 Zahnstocher
- Tequillaflasche

Vorlagenbogen 1B

Den Löffel grundieren und nach dem Trocknen das Gesicht aufmalen. Aus Tonkarton die Nase zuschneiden und hinten an der Löffelkelle festkleben. Mithilfe einer kleinen Zange oder einer Pinzette die Stacheln aufkleben. Dafür beidseitig die Spitzen von acht Zahnstochern abschneiden, mit der Schnittkante in Heißkleber tauchen und sofort auf dem Kaktus platzieren.
Das Etikett der Flasche mit Tonkarton überkleben. Dafür die Grundform des Etiketts in Hellgrün zuschneiden und darauf die zwei anderen Streifen setzen. Nach Belieben einen Schriftzug aufschreiben. Den Kaktus mit Heißkleber befestigen.

Tomate Carlos

Material
- Holzkochlöffel mit runder Kelle (ø 4,5 cm), 28 cm lang
- Acrylfarben: rot, weiß, grasgrün, rosa
- Buntstift: grün
- Tonkartonrest: hellgrün

Vorlagenbogen 1B

Den Löffelstiel zu je einem Drittel in Rot, Weiß und Grün, die Kelle in Rot bemalen. Nach dem Trocknen das Gesicht mit wasserfesten Filzstiften, rosa Acrylfarbe und einem grünem Buntstift gestalten. Die Nase und das Grün aus Tonkarton zuschneiden und mit Klebepads oder Heißkleber aufsetzen. Die Tomate kann einen Geschenkkorb zieren oder mit Schleifenband an eine Flasche Olivenöl gebunden werden.

Fisch Günter

Material
- Holzkochlöffel mit runder Kelle (ø 4 cm), 20 cm lang
- Wattekugel, ø 1,2 cm
- Acrylfarbe: zitronengelb
- Regenbogen-Tonkartonrest: gelb-grün
- Filzrest: weiß
- Tonkartonrest: weiß

Vorlagenbogen 1B

Den Löffel und die Wattekugel in Gelb grundieren. Nach dem Trocknen das Gesicht aufmalen und die Nase aufkleben. Für die Mütze Filz auf Tonkarton kleben, die zwei Teile zuschneiden, aufeinander kleben und auf dem Löffel fixieren. Die Gräten und die Flosse aus Regenbogen-Tonkarton zuschneiden. Die Gräten an den gestrichelten Linien knicken (ggf. leicht mit der Scherenspitze anritzen) und mit Heißkleber um den Löffelstiel herum fixieren. Die Flosse über das Löffelstielende kleben.
Nach Belieben den Löffelstiel beschriften und den Fisch zum Verschenken auf eine Karte kleben.

mexico
fiesta!
... lecker war's !

Naschkatze

Material
- Holzkochlöffel mit runder Kelle (ø 5,5 cm), 32 cm lang
- Balsaholzrest
- Acrylfarben: indischgelb, orange, schwarz, weiß, rot, grasgrün
- Holzteller, ø 20 cm
- Durchbohrte Rohholzhalbkugel, ø 4 cm
- Matter Sprühlack

Vorlagenbogen 2A

Verkehrsschild, Nase, Hände und Ohren (Ohrenvorlage der Löffelrundung anpassen, siehe Seite 5) aus Balsaholz zuschneiden. Alles gemäß der Abbildung grundieren, dabei auch die Rückseiten nicht vergessen. Nach dem Trocknen das Löffelgesicht aufmalen, die Nase aufkleben und mit einigen Pinselstrichen das gescheckte Katzenfell andeuten. Lichtreflexe mit einem weißen Lackmalstift setzen. Die Innenohren auf die Ohren malen, das dreieckige Schild mit dem roten Rand versehen und trocknen lassen. Die Ohren aufkleben. Hinten an die Kelle drei kurze Steckdrahthaare, die zuvor mit einer spitzen Flachzange etwas eingedreht werden, kleben. Mit einem wasserfesten Filzstift Ausrufezeichen, Schriftzug und Katzentatzen auf das Verkehrsschild malen.
Die Hände aufkleben und beide Schilder an den Löffelstiel kleben. Die Rohholzhalbkugel mit Holzleim mittig auf den Teller kleben und zu ca. einem Drittel mit Heißkleber befüllen. Den Löffel einstecken und festhalten, bis der Klebstoff erkaltet ist. Um Kratzer beim Gebrauch der Süßigkeitenschale zu vermeiden, diese mit einem matten Lack lackieren.

Kleine Schleckmaus

Material
- Holzkochlöffel mit runder Kelle (ø 5,5 cm), 32 cm lang
- Balsaholzrest
- Acrylfarben: weiß, hellblau, rosa
- Tonkartonrest: weiß
- kleine Tüte mit Süßigkeiten
- Schleifenband, 4 cm breit, 70 cm lang: blau-weiß kariert

Vorlagenbogen 2A

Den Löffel in Weiß grundieren und nach dem Trocknen das Bonbonmuster mit einem roten Buntstift übertragen und mit einem wasserfesten Stift ausmalen (bei Bleistift würden die grauen Hilfslinien sichtbar bleiben). Die Einzelteile der Maus zuschneiden und hellblau grundieren. Nach dem Trocknen die Innenohren aufmalen und das Gesicht gestalten. Als Haare Steckdrahtstücke (ca. 1,5 cm lang) zurechtbiegen, am Ende mit einem Heißklebertropfen versehen und mithilfe einer Pinzette oder einer kleinen Zange in das Holz stecken. Die Löcher dafür mit einer Pinnnadel vorstechen.
Dann Hände und Kopf auf die Löffelkelle kleben. Den Löffelstiel in die Süßigkeitentüte stecken und diese mit einer dekorativen Schleife verschließen. Auf einem kleinen, an den Löffelstiel geklebten Tonkartonschild steht ein lieber Gruß.

Naschkatze
für meine kleine Schleckmaus!

Löffel-kerlchen

Osterhenne Sylvia

Die Holzteile mit dem Skalpell zuschneiden. Beim engen Kamm nur dreieckige Zacken ausschneiden und diese mit Schleifpapier leicht runden. Den Kopf, die Flügel und die Löffelkelle weiß, den Schnabel gelb und den Löffelstiel, den Tontopf und den Tonuntersetzer grün grundieren. Den Löffelstiel noch mit Gelb wischen (dafür sehr wenig Farbe auf den Pinsel geben) und mit Wattestäbchen die kleinen Blumen auf den Tontopf malen. Für gleichmäßige Punkte das Wattestäbchen immer wieder frisch mit Farbe benetzen. Den Kamm ausmalen und die Augen mit einem wasserfesten Stift aufsetzen. Den Schnabel zusammen mit dem Kehllappen aufkleben.

Die Flügel mit Holzleim hinter der Kelle fixieren. Den Löffelstiel durch die Öffnung der Blume stecken und festkleben. Das Küken auf die Blume kleben und um die Beine herum die Eier festknoten. Die durchbohrte Halbkugel von innen unter das Tontopfloch kleben. Den Tontopf mit dem Boden nach oben stellen und mit Heißkleber den Löffelstiel im Tontopfloch und in der Halbkugel befestigen.

Das Schleifenband mittig unter den Tonuntersetzer kleben, den Tontopf darauf stellen und mit dem Schleifenband fixieren. Dieses dazu gegengleich um den Löffelstiel schlingen und vorne mit einer Schleife festbinden.

Material

- Holzkochlöffel mit runder Kelle (ø 4,5 cm), 28 cm lang
- Acrylfarben: weiß, grasgrün, sonnengelb, rot
- Balsaholzrest
- Filzrest: rot
- Sisalblüte, ø 7 cm (Fertigteil): gelb
- 3 Keramikeier am Faden, ca. 3 cm hoch: gelb, grün, rot
- Plüschküken, 4 cm hoch: gelb
- Durchbohrte Rohholzhalbkugel, ø 4 cm
- Tontopf, ø 11 cm
- Tonuntersetzer, ø 11 cm
- Drahtkantenband, 4 cm breit, 80 cm lang: gelb

Vorlagenbogen 1A

Küken Dicky

Oben und unten aus jeder Eihälfte mit einer Nagelschere einen Halbkreis im Löffelstieldurchmesser ausschneiden. Die Löffelkelle, ca. ein Drittel des Stiels, die Sisalkordeln sowie das Pappmaché-Ei gelb (dabei das Ei unbedingt in Weiß vorstreichen) und die Holzkugeln orange grundieren. Nach dem Trocknen das Gesicht aufmalen. Der Filzschnabel wird doppelt zugeschnitten und mit Holzleim oder Heißkleber aufgeklebt. Auf dem Ei seitlich als Flügel und oben am Hals einige Federn befestigen. Unten ins Ei mit einer Nagelschere Löcher für die Beine einbohren und die Sisalkordelstücke einkleben. An den Enden die Holzkugeln festkleben. Auf der Rückseite des Eis das Drahtkantenband mittig ankleben. Das Ei um den Löffel herum schließen und das Band vorne über dem dicken Kükenbauch mit einer Schleife zusammenbinden.

Tipp

In diesen originellen Verpackungen können Sie kleine Osterüberraschungen verstecken.

Material

- Holzkochlöffel mit runder Kelle (ø 5,5 cm), 40 cm lang
- Teilbares Pappmaché-Ei, 14 cm hoch
- Acrylfarben: sonnengelb, orange
- 5 Marabufedern: gelb
- Sisalkordel, ø 4 mm, 2 x 6,5 cm lang: natur
- 2 durchbohrte Rohholzkugeln, ø 2,5 cm
- Filzrest: orange
- Drahtkantenband, 4 cm breit, 75 cm lang: hellgrün

Vorlagenbogen 1A

Löffel-kerlchen

FROHE OSTERN!

Material

- Holzkochlöffel mit runder Kelle (ø 5,5 cm), 32 cm lang
- Balsaholzrest
- Acrylfarben: hellbraun, haut, rot, orange, weiß, gelb, hellgrün
- 2 Wattekugeln, ø 1,5 cm
- Naturbast: natur
- 2 Keramikeier am Band, ca. 3 cm hoch: orange gepunktet, blau

Vorlagenbogen 1A

Osterhase Siggi

Die Ohren, das Schild mit dem Kükenkörper, die Eierschale sowie den Kükenschnabel zuschneiden und die Wattekugeln halbieren. Den Holzlöffel, zwei halbe Wattekugeln und die Ohren braun grundieren. Eine Wattekugelhälfte für die Nase sowie die Innenohren hautfarben bemalen. Das Gesicht aufmalen. Mit Heißkleber die Nase und einige Bastfäden als Haare aufkleben.
Das Schild grün-gelb und das Küken gelb grundieren. Die Eierschale weiß und den Schnabel orange bemalen und nach dem Trocknen auf das Küken kleben. Das Schild beschriften und die Kükenaugen aufmalen. Die braunen Wattekugelhälften als Hasenhände aufkleben. Unten in das Schild mit einer Pinnnadel Löcher einstechen und darin die Ostereier befestigen.

Tipp

Für ein ausgefallenes Osterarrangement können Sie mit dem Hasen einen im Bastelfachhandel erhältlichen Holzzaun dekorieren. Den Hasen für die Standfestigkeit in eine Rohholzhalbkugel kleben (siehe Naschkatze, Seite 22/23), den Zaunboden und die Holzkugel mit Irischmoos überkleben und ein Osterkörbchen sowie nach Belieben einen kleinen Blumentopf vor dem Zaun platzieren.

Kleine Vitaminbomben

Die Wattekugel halbieren und, wie auch den Kochlöffel, gemäß der Abbildung grundieren. Nach dem Trocknen das Gesicht gestalten und die Nase aufkleben. Die Lichtreflexe mit einem Lackmalstift setzen.
Für die Blätter Filz auf grünen Tonkarton kleben und zuschneiden. Mit Heißkleber am braunen Chenilledraht (3 cm lang) fixieren und diesen auf dem Kellenrand und der Rückseite festkleben. Den Schal zuschneiden (ca. 22 cm lang) und wie abgebildet um den Hals schlingen. Mit Holzleim oder sehr wenig Heißkleber in Form bringen.
Für die Arme der Orange 30 cm langen Chenilledraht hinten mittig am Löffelstiel fixieren. Die Drahtenden als Hände drei- bis viermal zusammenrollen. Die Orange an eine Saftflasche (nach Belieben mit Tonkarton gestaltet) kleben.

Material (je Figur)

- Holzkochlöffel mit runder Kelle (ø 5,5 cm), 32 cm lang, bzw. mit ovaler Kelle, 25 cm lang
- Acrylfarben: orange, gelb, grasgrün
- Filzreste: orange oder sonnengelb, hellgrün
- Chenilledraht: braun, ggf. hellgrün
- Wattekugel, ø 1,2 cm
- Tonkartonreste: grün, weiß oder orange

Vorlagenbogen 2B

Die Zitrone erhält ein Schild angeklebt und kann mit einem Glas Zitronen überreicht werden.

Weihnachtsmann Klaus

Material
- Holzkochlöffel mit runder Kelle (ø 5,5 cm), 32 cm lang
- Friesenbaumfuß, 7 cm x 9 cm
- Acrylfarben: haut, rot, schwarz
- 2 Geburtstagskuchen-Kerzen, ø ca. 1 cm
- Chenilledraht: gelb, weiß
- Tonkartonreste: weiß, rot
- Filzreste: rot, weiß, dunkelbraun, schwarz, olivgrün
- Halbgebohrte Rohholzkugel, ø 1 cm
- 2 Holzhände, 2,5 cm lang
- Tannengrün
- Papierband: rot
- Bastelrundholz, ø 6 mm, 20 cm lang
- 2 sternförmige Kerzenhalter, ø 4,5 cm: gold
- Hammer
- Kleiner Nagel, ca. 1 cm lang
- Lackmalstift: silber

Vorlagenbogen 2B

Der Weihnachtsmann wird wie der Gartenzwerg auf Seite 19 angefertigt. Die Bommel ist aufgerollter Chenilledraht (ca. 8 cm lang). Für die Arme das rot bemalte Bastelrundholz mithilfe eines Cutters oder einer Schere an jeder Seite um 1 cm kürzen. Mittig hinten an den Stiel kleben und mit einem kleinen Nagel zusätzlich festnageln. Darüber und darunter zur weiteren Stabilisierung die kurzen, abgeschnittenen Rundholzstücke festkleben. An den Enden die Holzhände und den Chenilledraht befestigen. Die Kerzenhalter mit Heißkleber auf die Hände kleben. Hier können kleine Geburtstagskerzen eingesteckt werden, dafür die Kerzenhalter ggf. etwas zusammendrücken.
Den Weihnachtsmann in den weiß bemalten Fuß stecken und diesen wie bei Rentier Rudi beschrieben mit einem Filzsack und Tannengrün gestalten.

Rentier Rudi

Material
- Holzkochlöffel mit runder Kelle (ø 5,5 cm), 32 cm lang
- Friesenbaumfuß, 7 cm x 9 cm
- Acrylfarben: hellbraun, rot, weiß, schwarz
- Filzreste: hellbraun, hellgrün, orange, hellblau, schwarz
- Tonkartonreste: schwarz, hellbraun
- Wattekugel, ø 1,5 cm
- Figurendraht, ø 6 mm, 22 cm lang
- 2 Holzhände, 2,5 cm lang
- Metallglocke, 2 cm hoch: gold
- 2 kleine Zweige, Zapfen, Tannengrün
- Papierschleifenband: rot
- Chenilledraht: weiß
- Lackmalstift: silber

Vorlagenbogen 2B

Den Kochlöffel für schönere Proportionen mit der Laubsäge kürzen (um ca. 5 cm). Dann den Kochlöffel und den Figurendraht braun, die Hände schwarz, die Wattekugel (mit dem Cutter halbiert) rot und den Friesenbaumfuß weiß bemalen. Das Gesicht aufmalen und die Nase aufkleben. Für Haarbüschel und Ohren Filz mithilfe eines Klebestiftes auf farblich passenden Tonkarton kleben und die Teile zuschneiden. Das Haarbüschel auf die Kelle kleben. Die Ohren werden an den Klebeflächen geknickt und auf den Rand der Kelle geklebt. Die Zweige (je ca. 6 cm lang) an einem Ende mit Heißkleber bestreichen und auf dem Kellenrand fixieren.
Den Figurendraht mittig hinter den Löffelstiel (ca. 4 cm unterhalb der Kelle) kleben und an den Enden die Holzhände fixieren (Draht ggf. spitz zuschneiden). Die Klebestelle mit Chenilledraht überdecken. In eine Hand die Glocke und darüber eine kleine Schleife kleben.
Für den Schal Filz zuschneiden (3 cm x 18 cm), die Enden fransig einschneiden und ausgeschnittene Herzchen mit Holzleim aufkleben. Den Schal um den Hals schlingen und mit Heißkleber oder Holzleim in Form bringen.

(weiter auf Seite 30)

Das Rentier in den Friesenbaumfuß stecken (ggf. festkleben) und die Hufe aus Filz (auf Tonkarton geklebt) davor setzen. Den Fuß mit Naturmaterialien und einem Filzsäckchen schmücken. Für den Sack Filz zuschneiden (17 cm x 9 cm), in der Mitte falten und an den Seiten mit Holzleim zusammenkleben. Vorne Flicken aufkleben, die Flickennähte sind mit einem silbernen Lackmalstift aufgesetzt. Den Sack mit Papierschleifenband verschließen.

Pingu Pinguin und Snowy Schneemann

Den Raclettespatel weiß grundieren und beim Pinguin nach dem Trocknen das schwarze Fell aufmalen. Das Gesicht aufmalen. Der Schneemann erhält seine Karottennase. Dafür die Wattekarotte hinten schräg abschneiden und aufkleben. Als Arme Steckdraht (8 cm lang) hinten an den Spatel kleben und an den Enden die Wattekugeln festkleben. Pinguinflügel und beide Mützen aus mit Tonkarton verstärktem Filz zuschneiden und gemäß der Abbildung fixieren. Die Pinguinmütze mit Chenilledrahtbommel und -rand verzieren, beim Schneemann Tannengrün aufkleben.

Tipp

Die zwei eignen sich als Geschenkanhänger oder Kühlschrankmagnete, wenn auf der Rückseite ein Magnet mit Heißkleber fixiert wird.

Material (je Figur)

- Raclettespatel, 13,5 cm lang
- Acrylfarben: weiß, ggf. schwarz
- Filzreste: schwarz, ggf. rot, sonnengelb
- Tonkartonrest: schwarz, ggf. rot

nur Pinguin

- Chenilledraht: weiß

nur Schneemann

- 2 Wattekugeln, ø 1,5 cm
- Wattekarotte, 5 cm lang
- Etwas Tannengrün o. Ä.

Vorlagenbogen 2B

VIEL GLÜCK!

(Beschreibung Seite 32)

Schornsteinfeger Schorsch

Material

- Holzkochlöffel mit runder Kelle (ø 5,5 cm), 32 cm lang
- 2 Holzhände, 1,6 cm lang
- Acrylfarben: haut, schwarz
- Wattekugel, ø 1,2 cm
- Durchbohrte Rohholzkugel, ø 1 cm
- Holzleiter, 13,5 cm lang
- Zylinder, ø 7 cm (außen): schwarz
- Filzrest: rot
- Chenilledraht: schwarz
- Naturbast: natur
- Stoffkleeblatt, ø 3 cm: grün
- Steckdraht, ø 1,5 mm, 30 cm lang

Vorlagenbogen 2B

Den Löffelstiel in Schwarz, die Kelle und die Wattekugel (mit dem Cutter halbiert) in Haut bemalen. Nach dem Trocknen das Gesicht aufmalen. Für die Haare Bast aufkleben, erst einige Ponyfransen, dann auf jeder Seite ein oben abgebundenes Bastbündel. Den Zylinder mit dem aufgeklebten Kleeblatt darüber fixieren (den Heißkleber etwas erkalten lassen, sonst verformt sich das Plastikmaterial des Hutes). Das rote Tuch um den Hals schlingen und ca. 3 cm unterhalb der Kelle Chenilledraht (15 cm lang) hinten mittig an den Löffelstiel kleben. Die Hände an den Drahtenden fixieren. Die Leiter wird an den Löffelstiel geklebt, die linke Hand oben aufgelegt. In der anderen Hand hält der Schornsteinfeger seinen Kaminbesen. Dafür Draht (ca. 30 cm lang) um ein kleines Gefäß wickeln und eine schwarz bemalte Holzperle und ein Stück Chenilledraht an die Enden kleben.

Glücksschwein Ferky

Material

- Holzkochlöffel mit runder Kelle (ø 5,5 cm), 32 cm lang
- Acrylfarbe: rosa
- Filzrest: rosa
- Tonkartonrest: rosa
- Balsaholzrest
- 2 gewölbte Holzscheiben, ø 2 cm
- Stoffkleeblatt, ø 3 cm

Vorlagenbogen 2B

Den Löffel rosa grundieren und nach dem Trocknen das Gesicht aufmalen.
Den Filz auf Tonkarton kleben und daraus Ohren und Rüssel ausschneiden. Bei den Ohren die Klebeflächen nach hinten knicken und diese am Kellenrand, die Schnauze auf der Kelle fixieren.
Das Schild zuschneiden, mit verdünnter, weißer Acrylfarbe bemalen und nach dem Trocknen beschriften. Darauf die zwei rosa bemalten Holzscheiben und das Kleeblatt befestigten und das Schild auf den Löffelstiel kleben.

Glückspilz Markus

Material

- Holzkochlöffel mit runder Kelle (ø 4 cm), 20 cm lang
- Acrylfarben: haut, grasgrün
- Tonkartonreste: rot, grün
- Pompon, ø 7 mm: rot

Vorlagenbogen 2B

Die Löffelkelle hautfarben und den Stiel grün bemalen. Das Gesicht wie abgebildet gestalten. Den Pilzhut aus Tonkarton ausschneiden und mit einem weißen Lackmalstift die Punkte aufmalen. Den Hut mit Abstandsband auf dem Kochlöffel befestigen.
Der Pilz kann z. B. als Glücksbringer für Prüfungen in eine Tüte Studentenfutter gesteckt und mit einem ausgeschnittenen Kleeblatt verziert werden.